UNE

VISITE AU TOMBEAU

D'AUGUSTE LE BRAS.

NOTICE HISTORIQUE.

PARIS,

IMPRIMERIE DE GUIRAUDET,

RUE SAINT-HONORÉ, N° 315.

1834.

VISITE AU TOMBEAU

D'AUGUSTE LE BRAS.

« Se peut-il que le foyer de
» tant d'enthousiasme soit desti-
» né à s'éteindre ? — Je croyais
» avoir en moi des forces pour
» vaincre cette affreuse puissan-
» ce.......»

Les grands talents, dont on ne se lasse
d'ambitionner la réputation et la gloire, sont
loin de vivre en paix à l'ombre de leurs lau-
riers. Ils semblent, au contraire, avoir été
condamnés par la nature à se travailler sans
cesse l'imagination au profit du reste des
hommes.

Ceux-ci, préoccupés d'intérêts domesti-
ques ou de spéculations commerciales, qui
se meuvent péniblement sur le pivot de l'é-

goïsme , ne pouvant décerner aux célébrités contemporaines un véritable tribut d'estime , leur jettent dédaigneusement une ceinture d'or, tandis qu'ils se hâtent de repousser l'offrande timide du jeune poète dont la venue s'annonce par une hymne d'espérance et d'amour.

Nous avons vu disparaître comme des ombres fugitives les Chatterton (1) , les Gilbert, les Malfilâtre, les Escousse et les Le Bras. Nés pour faire honneur à la littérature de leurs patries, ils se virent tous assaillis, dès leur entrée sur le théâtre des belles-lettres , par de nombreux adversaires.

La médisance et l'odieuse calomnie, l'injustice et la persécution, ne tardèrent pas à empoisonner en eux les sources précieuses de l'existence. Les uns périrent lentement, au sein de la misère, consumés qu'ils étaient par des chagrins inextricables; les autres, croyant devoir violenter la nature , mirent un terme définitif aux souffrances morales qui les dé-

(1) Ecrivain anglais,

voraient. Hélas ! tout s'éteint , jusqu'aux flammes ardentes du génie !....

C'est aujourd'hui (17 février 1834) le second anniversaire du suicide d'Auguste Le Bras. Ce jour néfaste , qui plongea sa famille dans la plus grande douleur, ne sortira jamais de notre mémoire, à nous tous qui fûmes ses condisciples. Déposons donc une couronne d'immortelles sur sa tombe , et consacrons quelques instants à déplorer sa perte. Un tel sujet , alors même qu'il fera couler d'inutiles larmes , nous retracera du moins quelques touchantes réalités du jeune âge , symbole du bonheur et de l'amitié parfaite.

L'intéressant écrivain dont je suis préoccupé appartenait à des parents estimables et estimés. Son père le mit fort jeune au collége communal de Lorient , où il ne fit pas d'importantes acquisitions dans les sciences. Cela s'explique : nous avions pour instituteurs , à l'époque de la fondation , un principal enclin au jésuitisme ; un sous-principal dévoué de corps, d'âme et de biens, au culte ignoble de Bacchus ; et des abbés intolérants.

Cet état de choses, très affligeant pour les familles, nuisait tellement aux élèves, que plusieurs de ces derniers firent des études fort mauvaises, pour ne pas dire nulles.

Je me souviens encore que j'ai passé, comme tant d'autres, bon nombre d'années à ne rien apprendre. En quittant le collége, j'avais l'imagination singulièrement impressionnée par un mélange de dévotion scrupuleuse et de paresse absolue. J'avouerai même que les châtiments arbitraires, ineptes et immoraux, auxquels on a coutume d'exposer les jeunes gens (par exemple en leur interdisant le travail), me rendirent l'esprit très précoce en matière de libertinage.

Voici le fait :

Etant à l'étude, je composai un jour une pièce de vers pitoyables sur les grâces de la courtisane Laïs, que je croyais fermement avoir embrassée dans un songe. Cette production hors de propos me coûta cher : nos cuistres me condamnèrent à huit jours consécutifs de prison.

Afin de charmer les heures de ma captivité,

chaque matin j'eus soin d'approvisionner mes poches de romans. Bref, je m'accoutumai à ce train de vie. La chère oisiveté devint mon idole exclusive. Au lieu d'étudier mes classiques monotones, je trouvai plus facile et plus agréable à la fois de fixer mon attention sur des livres où j'espérais apparemment trouver la femme libre. Aussi, fis-je en sorte de passer la moitié des semaines à subir ce genre de punition. Toutefois le principal qui avait dîné chez mon oncle, me fit obtenir un prix de langue anglaise à ma sortie dudit collége.

Un coup de tonnerre, parti des mains d'un administrateur de la marine royale, devait me tirer subitement de cette étrange apathie. Cet administrateur, G. de C., ancien espion attitré de la famille déchue, n'osant pas diriger ses infâmes vengeances sur la personne de mon père, officier dont le patriotisme offensa toujours certains valets de la légitimité, fit répandre de faux bruits sur mon compte. Il s'agissait d'insinuations vagues et perfides. Le traître était accoutumé à manier des armes à deux tranchants, sans néanmoins se compromettre vis-à-vis la justice. Mais je dois quelque reconnaissance à cet homme, puisqu'il m'habitua à la réflexion, conséquemment au travail; pénible et qu'en traversant le sentier de la calomnie, mon premier acte fut de méditer sur les lâches, et de les prendre en horreur.

Revenons.

Auguste, ayant *terminé* ce qu'il est convenu d'appeler *ses études*, entreprit judicieusement de les recommencer. Il s'empressa de ressaisir les éléments de la science pour y pénétrer d'autant plus avant que ses maîtres l'en avaient détourné. Aidé de quelques avis et soutenu de son admirable intelligence, il éprouva peu de difficultés à développer en lui cette puissance de logique et de hardiesse qui, par la suite, promettait de le conduire aux plus brillants succès.

Ayant obtenu le consentement du respectable auteur de ses jours, nous n'en doutons pas, Le Bras vint se fixer à Paris.

En débutant, il consacra ses veilles au

théâtre. Ce fut, à mon sens, une faute énorme. L'infortuné n'avait pas essayé sa plume dans des entreprises de moindre importance. Il n'avait pas, pour ainsi m'exprimer, assoupli ses idées neuves et son style gracieux aux exigences infinies du difficile état d'homme de lettres. Trop novice pour avoir eu le temps de sonder les replis du cœur humain, il n'avait pas encore pénétré dans ce vaste labyrinthe, où nos plus habiles compositeurs s'empressent d'aller puiser journellement.

La critique impitoyable parut donc sans tarder. Ce coup avait été imprévu pour le sensible auteur de *Raymond*. Il mesura, en ce moment de déception, la grandeur de ses projets, et commença à douter de ses forces comme de son avenir.

Cependant, conseillé par plusieurs amis, il eut assez d'empire sur lui-même pour reprendre un peu de courage. Chaque mois allait sans doute voir renaître en lui une confiance sans bornes, récompense douce et secrète de ceux qui se vouent exclusivement à des occupations sérieuses, lorsque de nouvelles attaques et la misère vinrent l'accabler tout-à-fait. L'isolement contribua aussi à plonger son être dans un état complet de marasme d'où il ne sortit plus. Je dis l'isolement, car Le Bras se trouvait à cent lieues du pays de ses affections ; et Escousse n'était pas son ami....

Un jour le père d'Auguste, qui venait de marier tout récemment l'une de ses demoiselles, reçut cette lettre fatale :

« MON BON PÈRE ET MA BONNE MÈRE,

« Je vous trace ces lignes sur le lit de
« mort. Une maladie cruelle, causée par un
« trop grand travail, a miné mes forces... Je
« vais mourir.... De grâce, pensez quelque-
« fois à votre pauvre Auguste, qui vous at-
« tend *dans un monde meilleur*.... Oh! si
« maintenant la santé m'était offerte, je la
« refuserais : car j'envisage la tombe comme
« un bien. L'existence m'est à charge... Cett e
« lettre vous parviendra par M. le docteur
« Sarlandière, *qui à je dois tout*.... C'est lui

« qui m'a soigné avec autant d'affection que
« si j'étais son fils…. Je meurs ; et pourtant
« ne me pleurez pas , je vous en conjure ; ne
« me regrettez pas ; car mon sort doit exci-
« ter plus d'envie que de pitié…. Ceux-là
« seuls sont à plaindre , qui se ruent dans la
« tourbe du monde.

« Adieu ! adieu !… mille baisers ! »

« AUGUSTE LE BRAS. »

« Mes frères, mes sœurs, recevez aussi le
« dernier adieu de votre frère! Il s'endort
« pour l'éternité…. Priez pour lui ; mais ne
« le plaignez pas… »

« AUGUSTE LE BRAS.»

A cette lettre, écrite sous la première ac-
tion de la vapeur mortelle , se trouvait jointe
une boucle de cheveux , avec cette simple in-
scription : *A ma mère.*

La victime n'était plus !… Je me tais ; il y
aurait de la témérité à vouloir servir d'inter-
prète aux terribles émotions qu'éprouvèrent
ses proches.

Je me figure qu'en cette heure d'angoisses indéfinissables, Auguste dut s'écrier avec Charles Loyson, mais dans une circonstance bien différente :

Malheureux que je suis! je n'ai rien fait encore
Qui puisse du trépas sauver mon souvenir!
J'emporte dans la tombe un nom que l'on ignore,
Et, tout entier, la mort m'enlève à l'avenir!

Malfilâtre! Gilbert! trop heureuses victimes,
Vous mourûtes frappés dans la fleur de vos ans;
Mais, ravie au tombeau par quelques vers sublimes,
Votre gloire survit et triomphe du temps.

On a dit que Le Bras s'était tué *pour n'avoir pas atteint la somme de gloire qu'il ambitionnait.* La définition est tant soit peu inexacte; Le Bras s'est tué *pour n'avoir pas su reconnaître la somme de gloire à laquelle il avait droit d'aspirer.*

Je trouve que les reproches qu'on pourrait adresser à sa mémoire s'effacent devant mille considérations. Non pas que je veuille me faire l'apologiste du suicide; mais c'est qu'il est presque impossible à une réputation nais-

sante de lutter avec avantage contre le mons-
tre hideux de l'envie.

Le Bras aurait eu besoin de protecteurs
puissants et éclairés ; mais il fit on ne peut
mieux de n'en point rechercher. Son âme,
ou, si vous préférez, son cœur était à l'inver-
se de celui du courtisan. Doués d'une noble
fierté, le philosophe et ses disciples ne sau-
raient ramper en face des hommes.

Malgré sa rare intelligence, notre condis-
ciple échoua, parce que l'expérience n'était
point venue soutenir, je le répète à dessein,
les premiers pas qu'il fit. Semblable au navi-
gateur privé de boussole, il errait à l'aventure
sur une mer immense et inconnue. Surpris
par la tempête, il ne put résister long-temps
à sa violence extrême.

Quelquefois il élevait ses regards mourants
vers l'astre du jour ; mais cet astre était voilé
par un nuage précurseur de l'éternité....

Son cœur, abattu par un sombre désespoir,
n'eut plus le courage de souffrir, ni la résolu-
tion d'espérer ; et le pauvre enfant tourna ses
pensées *vers un monde meilleur...*

Il voulut envisager l'instant du trépas, peut-être avant d'avoir bu à la coupe de tout ce qu'il y a de saintes voluptés sur la terre... le charbon meurtrier fit le reste. . . . . . .

. . . .

C'est ainsi que la critique partiale a souvent causé d'irréparables malheurs.

Pélisson rapporte une anecdote littéraire qui montre, d'une manière évidente, les dangers résultant d'une censure trop amère.

Un jeune homme, dit-il, vint à Paris, d'une province éloignée, avec une comédie qu'il regardait comme un chef - d'œuvre: L'Estoile fut sans indulgence pour la jeunesse de l'auteur, lequel brûla sa pièce et s'en retourna dans son pays, où il finit par y mourir de chagrin.

A l'heure avancée où je crayonne ces lignes, appuyé sur le monument funéraire de mon ancien ami, il me semble apercevoir son spectre dans les airs et l'entendre s'écrier :

« O terre , jadis monde de feu ! Terrre , so-
« leil éteint ! que d'incertitudes et d'impos-
« tures innombrables se croisent, s'agitent

« en tous sens sur ton sol glacé!!. . . . . .

. . . .

Mais déjà mon rêve s'évanouit; je me retrouve encore seul , entouré de tombeaux silencieux; . . seul! la tristesse me tue !. . .

. . . .

Ecoutez !.... j'entends mugir au loin les passions terrestres... j'entends les plaintes du peuple malheureux , ses cris lugubres et ses longs gémissements... Effrayant concert , d'où s'échappent quelques chants de triomphe ! !

. . . .

Et puis la Mort , qui, déployant ses ailes sur cet amas d'hommes sans croyances et sans foi , va bientôt les couvrir de toutes parts....

. . . .

. . . .

Adieu , Le Bras.... mais non pas pour toujours , puisque la trame de notre frêle existence doit enfin se briser comme la tienne , et venir reposer dans cet asyle....

H.-L. G.** (du Morbihan),

Secrétaire-général de l'Athénée des sciences religieuses,
membre de plusieurs sociétés savantes.